handball-uebungen.de
Trainingseinheiten und Übungen für Ihr Training!

Vorwort

Liebe Leserinnen und Leser,
vielen Dank, dass Sie sich für ein Buch der trainingsunterstützenden Reihe von handball-uebungen.de entschieden haben.

Der Angriff schießt die Tore, die Abwehr gewinnt das Spiel.

Im folgenden Band finden Sie fünf methodisch ausgearbeitete Trainingseinheiten zum Thema Abwehr im Handballspiel. Die individuelle Ausbildung der einzelnen Spieler, sowie das Zusammenspiel in der Mannschaft ist ein wichtiger Baustein für den Erfolg und muss immer wieder wiederholt und vertieft werden. Ebenso ist eine konditionelle Fitness gerade für eine konzentrierte Abwehrleistung immens wichtig. Diese Einheiten legen ein großes Augenmerk auf konditionelle Elemente und sind daher für ältere Jugendmannschaften und erwachsene Mannschaften aus dem Leistungsbereich sehr zu empfehlen.

Wie in allen Bänden von handball-uebungen.de, liegt der Schwerpunkt des Buches in den praktischen Trainingseinheiten, die direkt in ein Training übernommen werden können. Lassen Sie sich inspirieren, wie ein Training mit dem Schwerpunkt auf der Abwehr gestaltet werden kann und bringen Sie auch Ihre eigenen Ideen mit ein. Ein kurzer theoretischer Abriss zur allgemeinen Trainingsplanung führt in das Thema ein und ermöglicht es Ihnen, Trainingseinheiten in ihre Jahresplanung zu integrieren.

Beispielgrafik:

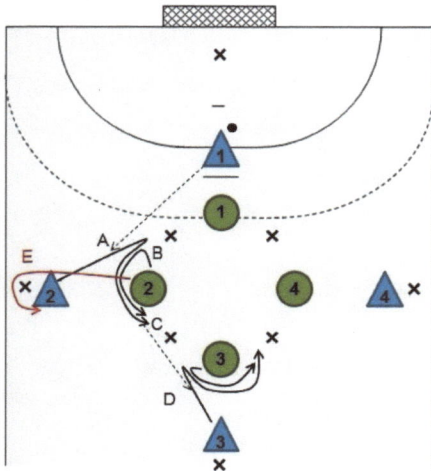

1. Auflage (12. Januar 2013)
Verlag: DV Concept (handball-uebungen.de)
Autoren: Jörg Madinger, Elke Lackner
ISBN: 978-3956411472

Inhalt

1. Kurzer Einblick in die Jahresplanung

Ziele des Trainings

Im **Erwachsenenbereich** wird ein Trainer in der Regel am sportlichen Erfolg (Tabellenplatz) gemessen. Somit richtet sich auch das Training sehr stark nach dem jeweils nächsten Gegner (Saisonziel) aus. Im Vordergrund steht, die Spiele zu gewinnen und die vorhandenen Potentiale optimal einzusetzen.

Im **Jugendbereich** steht die **individuelle Ausbildung** im Vordergrund. Diese ist das erste Ziel, das auch über den sportlichen Erfolg zu setzen ist. Auch sollen die Spieler noch umfassend, d.h. positionsübergreifend ausgebildet werden (keine Positionsspezialisierung, keine Angriffs-/Abwehrspezialisierung).

Jahresplanung

In der Jahresplanung sollten folgende Punkte beachtet werden:
- Wie viele Trainingseinheiten habe ich zur Verfügung (Ferienzeit, Feiertage und den Spielplan mitberücksichtigen)?
- Was möchte ich in diesem Jahr erreichen / verbessern?
- Welche Ziele sollten innerhalb einer Rahmenkonzeption (des Vereins, des Verbands z. Bsp. DHB) erreicht werden? In der Rahmenkonzeption des DHB finden Sie viele Orientierungshilfen für die Themen Abwehrsysteme, individuelle Angriffs-/Abwehrfähigkeiten und dazu, was am Ende welcher Altersstufe erreicht werden sollte.
- Welche Fähigkeiten hat meine Mannschaft (haben meine individuellen Spieler)? Dies sollte immer wieder analysiert und dokumentiert werden, damit ein Soll-/Ist-Vergleich in regelmäßigen Abständen möglich ist.

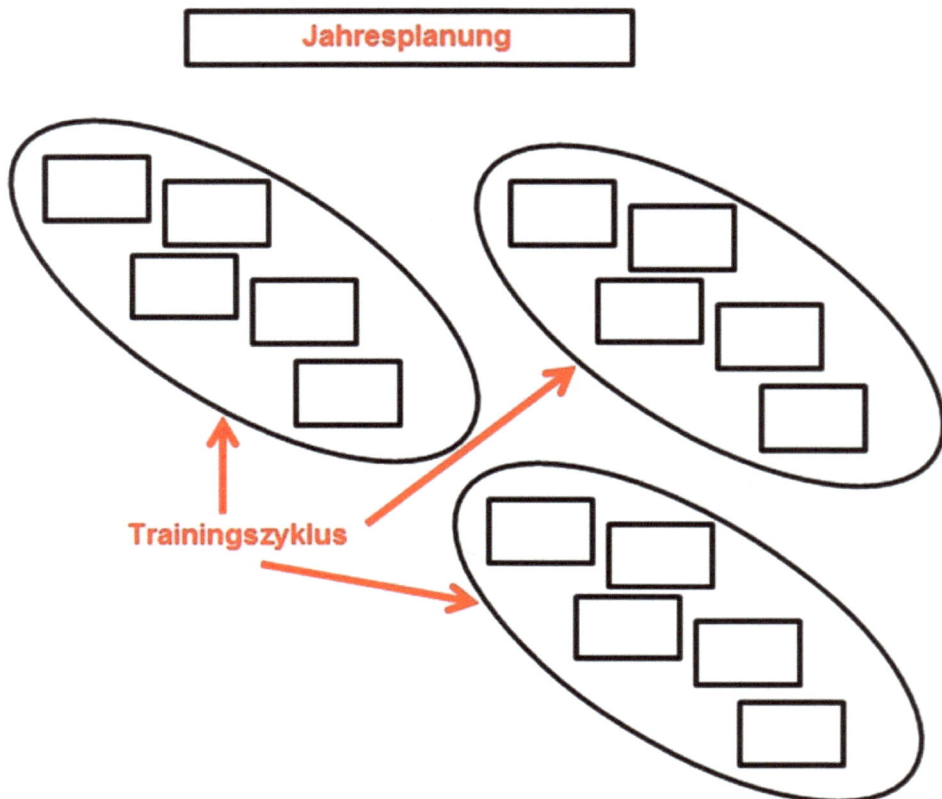

Jahresplanung

Trainingszyklus

Zerlegung der Jahresplanung in einzelne Zwischenschritte

Grundsätzlich gliedert sich eine Handballsaison in folgende Trainingsphasen:

- Vorbereitungsphase bis zum ersten Spiel: Diese Phase eignet sich besonders zur Verbesserung der konditionellen Fähigkeiten wie der Ausdauer.
- 1. Spielphase bis zu den Weihnachtsferien: Hier sollte die Weihnachtspause mit eingeplant werden.
- 2. Spielphase bis zum Saisonende.

Diese groben Trainingsphasen sollten dann schrittweise verfeinert und einzeln geplant werden:

- Einteilung der Trainingsphasen in einzelne Blöcke mit blockspezifischen Zielen (z.B. Monatsplanung).
- Einteilung in Wochenpläne.
- Planung der einzelnen Trainingseinheiten.

Trainingszyklus

Trainingseinheit:
→ Aufwärmen
→ Grundübung
→ Grundspiel
→ Zielspiel

Trainingseinheit:
→ Aufwärmen
→ Grundübung
→ Grundspiel
→ Zielspiel

Trainingseinheit:
→ Aufwärmen
→ Grundübung
→ Grundspiel
→ Zielspiel

Trainingseinheit:
→ Aufwärmen
→ Grundübung
→ Grundspiel
→ Zielspiel

Trainingseinheit:
→ Aufwärmen
→ Grundübung
→ Grundspiel
→ Zielspiel

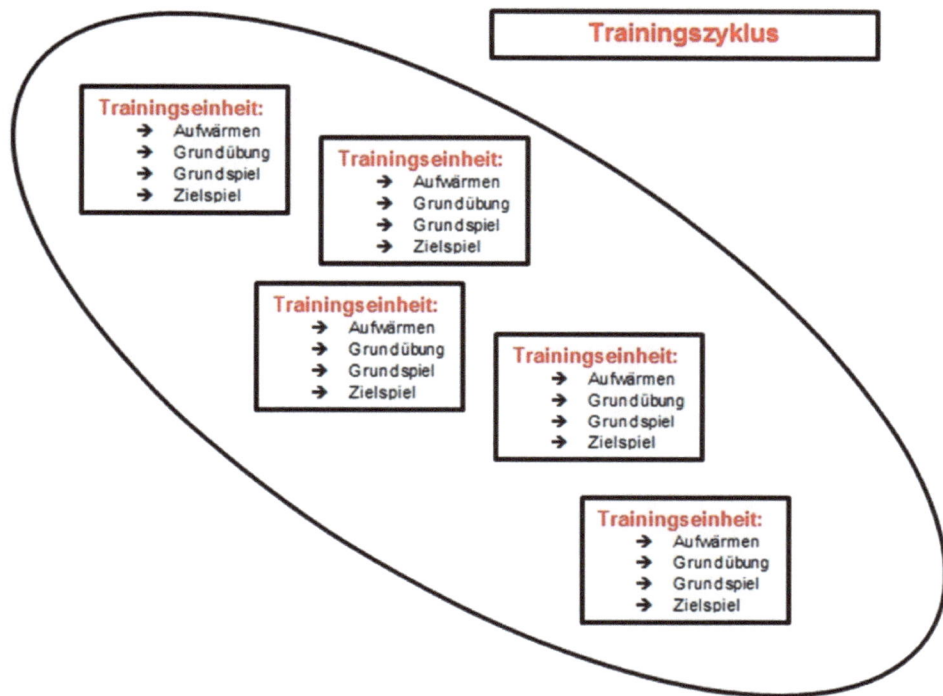

Trainingseinheiten strukturiert aufbauen

Sowohl bei der Jahresplanung als auch bei der Planung der einzelnen Trainingseinheiten sollte eine klare Struktur erkennbar sein:

- Mit Blöcken arbeiten (siehe Monatsplanung): es sollte (gerade im Jugendbereich) über einen Zeitraum am gleichen Thema gearbeitet werden. So können sich Übungen wiederholen und die Abläufe können sich einprägen.
- Jedes Training sollte einen klaren Trainingsschwerpunkt haben. Die Themen sollten innerhalb einer Trainingseinheit nicht gemischt werden, sondern es sollten alle Übungen einem klaren Ziel folgen.
- Die Korrekturen im Training orientieren sich am Schwerpunkt (bei Abwehrtraining wird die Abwehr korrigiert und gelobt).

2. Aufbau von Trainingseinheiten

Der Schwerpunkt des Trainings sollte das einzelne Training wie ein roter Faden durchziehen. Dabei in etwa dem folgenden zeitlichen Grundaufbau (Ablauf) folgen:
- ca. 10 (15) Minuten Aufwärmen
- ca. 20 (30) Minuten Grundübungen (2 bis max. 3 Übungen, plus Torhüter einwerfen)
- ca. 20 (30) Minuten Grundspiel
- ca. 10 (15) Minuten Zielspiel

1. Zeit bei 60 Minuten Trainingszeit / 2. Zeit in Klammer bei 90 Minuten Trainingszeit

Inhalte des Aufwärmens
- Trainingseröffnung: es bietet sich an, das Training mit einem kleinen Ritual (Kreis bilden, sich abklatschen) zu eröffnen und den Spielern kurz die Inhalte und das Ziel der Trainingseinheit vorzustellen.
- Grunderwärmung (leichtes Laufen, Aktivierung des Kreislaufs und des Muskel- und Kochen-Apparats).
- Dehnen/Kräftigen/Mobilisieren (Vorbereitung des Körpers auf die Belastungen des Trainings).
- Kleine Spiele (diese sollten sich bereits am Ziel des Trainings orientieren).

Grundübungen
- Ballgewöhnung (am Ziel des Trainings orientieren).
- Torhüter einwerfen (am Ziel des Trainings orientieren).
- Individuelles Technik- und Taktiktraining.
- Technik- und Taktiktraining in der Kleingruppe.

Grundsätzlich sind bei den Grundübungen die Lauf- und Passwege genau vorgegeben (der Anspruch kann im Laufe der Übung gesteigert und variiert werden).

Hinweise zur Grundübung
- Alle Spieler den Ablauf durchführen lassen (schnelle Wechsel).
- Hohe Anzahl an Wiederholungen.
- Mit Rotation arbeiten oder die Übung auf beiden Seiten gleichzeitig/mit geringer Verzögerung durchführen, damit für die Spieler keine langen Wartezeiten entstehen.
- Individuell arbeiten (1gg1 bis max. 2gg2).
- Eventuell Zusatzaufgaben/Abläufe einbauen (die die Übung komplexer machen).

Grundspiel

Das Grundspiel unterscheidet sich von der Grundübung vor allem dadurch, dass jetzt mehrere **Handlungsoptionen** (Entscheidungen) möglich sind und der/die Spieler die jeweils optimale Option erkennen und wählen sollen. Hier wird vor allem das Entscheidungsverhalten trainiert:

- Das zuvor in den Grundübungen erlernte mit **Wettkampfcharakter** durchführen.
- Mit Handlungsalternativen arbeiten – Entscheidungsverhalten schulen.
- Alle Spieler sollen den Ablauf häufig durchführen und verschiedene Entscheidungen ausprobieren.
- In Kleingruppen arbeiten (3gg3 bis max. 4gg4).

Zielspiel

- Das zuvor Geübte wird nun im freien Spiel umgesetzt. Um das Geübte im Spiel zu fördern, kann mit Zusatzpunkten oder Zusatzangriffen im Falle der korrekten Umsetzungen gearbeitet werden.
- Im Zielspiel wird das Gelernte im Team umgesetzt (5gg5, 6gg6).

Je nach den Trainingsinhalten können die zu erreichenden Ziele eine geringe Änderung im zeitlichen Ablauf von Grundübungen und Grundspielen bedingen (z. Bsp. beim Ausdauertraining, bei dem sie durch Ausdauereinheiten ersetzt werden).

Themenvorgaben

- Individuelle Ausbildung der Spieler nach Vorgabe der Trainingsrahmenkonzeption (DHB oder vereinseigene Konzeption).
- Taktische Spielsysteme in der Abwehr und im Angriff (altersabhängig):
  - z.B. von der Manndeckung zum 6:0 Abwehrsystem.
  - z.B. vom 1gegen1 zum 6gegen6 mit Auslösehandlungen im Team.

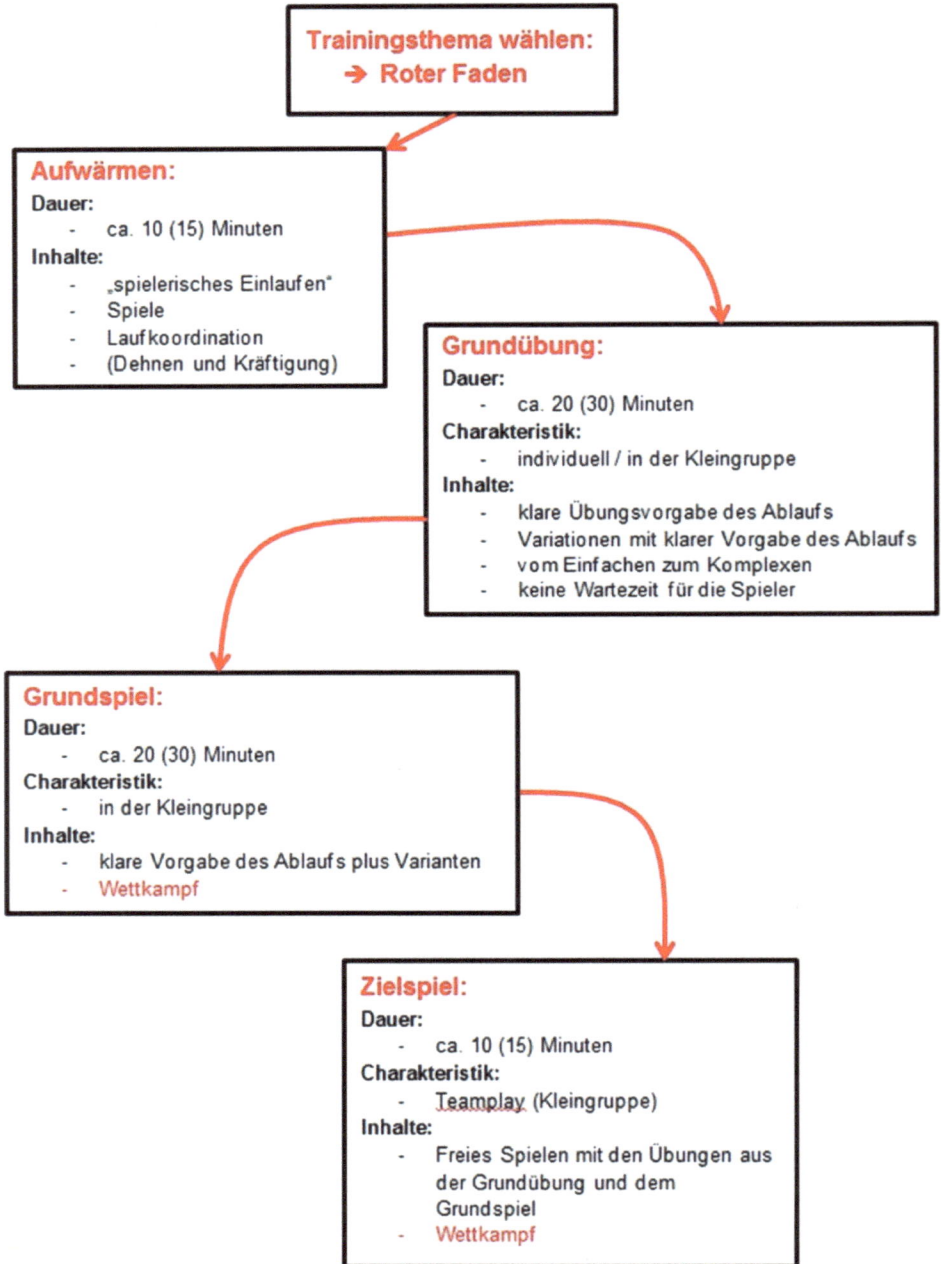

Trainingsthema wählen:
➔ **Roter Faden**

Aufwärmen:

Dauer:
- ca. 10 (15) Minuten

Inhalte:
- „spielerisches Einlaufen"
- Spiele
- Laufkoordination
- (Dehnen und Kräftigung)

Grundübung:

Dauer:
- ca. 20 (30) Minuten

Charakteristik:
- individuell / in der Kleingruppe

Inhalte:
- klare Übungsvorgabe des Ablaufs
- Variationen mit klarer Vorgabe des Ablaufs
- vom Einfachen zum Komplexen
- keine Wartezeit für die Spieler

Grundspiel:

Dauer:
- ca. 20 (30) Minuten

Charakteristik:
- in der Kleingruppe

Inhalte:
- klare Vorgabe des Ablaufs plus Varianten
- Wettkampf

Zielspiel:

Dauer:
- ca. 10 (15) Minuten

Charakteristik:
- Teamplay (Kleingruppe)

Inhalte:
- Freies Spielen mit den Übungen aus der Grundübung und dem Grundspiel
- Wettkampf

3. Die Rolle/Aufgaben des Trainers

Ein erfolgreiches Training hängt stark von der Person und dem Verhalten des Trainers ab. Es ist deshalb wichtig, im Training bestimmte Verhaltensregeln zu beachten, um den Erfolg des Trainings zu ermöglichen. Das soziale Verhalten des Trainers bestimmt den Erfolg in einem ebenso großen Maße wie die reine Fachkompetenz.

Der Trainer sollte
- der Mannschaft zu Beginn des Trainings eine kurze Trainingsbeschreibung und die Ziele bekannt geben.
- immer laut und deutlich reden.
- den Ort der Ansprache so wählen, dass alle Spieler die Anweisungen und Korrekturen hören können.
- Fehler erkennen und korrigieren. Beim Korrigieren Hilfestellung geben.
- den Schwerpunkt der Korrekturen auf das Trainingsziel legen.
- individuelle Fortschritte hervorheben und loben (dem Spieler ein positives Gefühl vermitteln).
- fördern und permanent fordern.
- im Training, bei Spielen, aber auch außerhalb der Sporthalle als Vorbild auftreten.
- gut vorbereitet und pünktlich zu Training und Spielen erscheinen.
- in seinem Auftreten immer Vorbild sein.

4. Legende zu den Trainingseinheiten:

✖   Hütchen

         Ballkiste

▲ 1   Angreifer

● 1   Abwehrspieler

         dünne Turnmatte

         dicke Weichbodenmatte

         kleine Turnkiste

●   Medizinball

▬▬▬   Pommes (dünne Schaumstoffbalken)

▬▬▬   Turnbank / Langbank

☐   kleine Turnkiste (mit der offenen Seite nach oben)

◯   Turnreifen

         großer Turnkasten

Schwierigkeit:

⭐   Einfache Anforderung (alle Jugend- und Aktivenmannschaften)

⭐⭐   Mittlere Anforderung (geeignet ab C-Jugend bis Aktive)

⭐⭐⭐   Höhere Anforderung (geeignet ab B-Jugend bis Aktive)

⭐⭐⭐⭐   Intensive Anforderung (geeignet für Leistungsbereiche)

5. Trainingseinheiten

TE 1	Grundbewegungen in der Abwehr von 1gg1 zur Kleingruppe		★★★	90

	Startblock			Hauptblock				
X	Einlaufen/Dehnen			Angriff / individuell			Sprungkraft	
	Laufübung			Angriff / Kleingruppe			Sprintwettkampf	
X	Kleines Spiel			Angriff / Team			Torhüter	
	Koordination			Angriff / Wurfserie				
	Laufkoordination		X	Abwehr /Individuell			**Schlussblock**	
	Kräftigung		X	Abwehr / Kleingruppe		X	Abschlussspiel	
X	Ballgewöhnung			Abwehr / Team			Abschlusssprint	
X	Torhüter einwerfen			Athletiktraining				
				Ausdauertraining				

Benötigt:
-   2 dünne Turnmatten
-   8 Hütchen
-   2 Ballkisten mit ausreichend Bällen

TE 1 - 1	Einlaufen/Dehnen	15	15

Ablauf:
-   2-3 Spieler mit einem Ball bilden eine Gruppe und laufen kreuz und quer durch die Halle und passen sich den Ball zu.
-   Laufrichtung immer wieder ändern, der Ballführende (prellt ein paar Meter) gibt die Laufrichtung (vorwärts-/rückwärts- oder seitwärts) vor, die beiden anderen müssen die Laufbewegung nachmachen.
-   Gemeinsames Dehnen in der Gruppe.

TE 1 - 2	kleines Spiel		10	25

Vorbereitung:

- Drei Mannschaften bilden.

Ablauf (Bild 1):

- 🔺1, 🔺2 und 🔺3 spielen gegen 🟢1, 🟢2 und 🟢3 und versuchen, ein Tor zu erzielen (A).

- Danach laufen 🟢1, 🟢2 und 🟢3 außen herum an die Mittellinie und warten dort (B).

- 🔺1, 🔺2 und 🔺3 werden dann sofort zu Abwehrspielern (Bild 2) und verteidigen gegen 🔺1, 🔺2 und 🔺3. 🔺1, 🔺2 und 🔺3 bekommen von 🔺T einen neuen Ball gespielt (C) und versuchen, ihn auf eine der beiden dünnen Turnmatten abzulegen (D).

- Danach laufen 🔺1, 🔺2 und 🔺3 außen herum auf die andere Seite und warten dort (E).

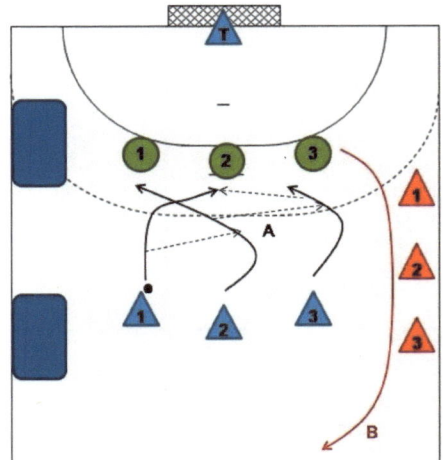

Bild 1

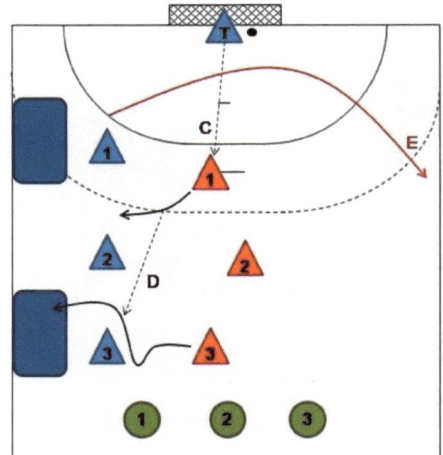

Bild 2

- △1, △2 und △3 werden dann sofort zu Abwehrspielern (Bild 3) und verteidigen gegen ●1, ●2 und ●3. ●1, ●2 und ●3 bekommen von △T einen neuen Ball gespielt (F) und versuchen, ein Tor zu erzielen (G)
- Usw.

⚠ Die Spieler werden stark gefordert, da sie permanent zwischen Abwehr, Angriff und ihrer Startposition umschalten müssen

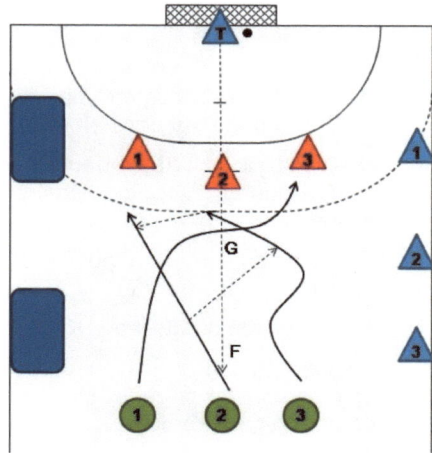

...Bild 3

TE 1 - 3	Ballgewöhnung	10	35

Ablauf:

- △2 läuft nach links und bekommt von △1 den Ball in den Lauf gespielt (A).
- ●2 tritt △2 deutlich entgegen (B).
- △2 macht eine Täuschbewegung und zieht dynamisch nach rechts. ●2 begleitet die Bewegung und drängt △2 aktiv zur Seite ab (C).
- △3 läuft nach links und bekommt von △2 den Ball in den Lauf gespielt (D), usw.
- Nach der Abwehraktion, wenn △2 den Ball gespielt hat (D), sprintet ●2 zum Hütchen, umläuft es und wird zum neuen Angreifer (E). △2 geht in die Abwehr.

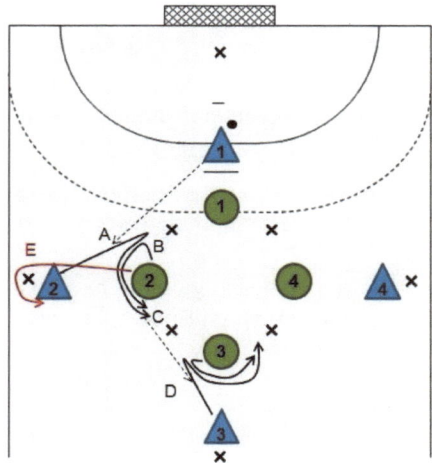

Wichtig für den Abwehrspieler:

⚠ Mit den Armen den Angreifer aktiv angehen und zur Seite wegdrücken.

Wichtig für den Angreifer:

⚠ Ball sichern (Körper zwischen Ball und Abwehrspieler halten), der Abwehrspieler darf nicht an den Ball kommen.

⚠ Trotz Bedrängung durch den Abwehrspieler sollen die Angreifer einen genauen Pass zum nächsten Angreifer spielen.

TE 1 - 4	Torhüter einwerfen	10	45

Ablauf:

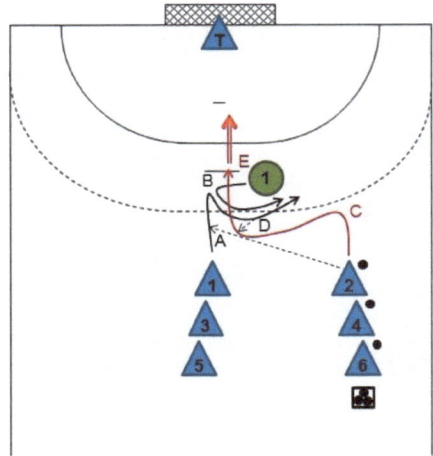

- 🔺1 startet und bekommt von 🔺2 den Ball in den Lauf gespielt (A).

- 🔺1 macht eine deutliche Wurftäuschung (ohne Prellen vorher).

- 🟢1 tritt an 🔺1 heraus und attackiert den Körper (B).

- 🔺1 prellt nach rechts weg (Körper zwischen Ball und 🟢1) und 🟢1 begleitet ihn aktiv mit Schieben gegen den Oberkörper.

- 🔺2 stößt zuerst ohne Ball geradeaus (C), geht dann dynamisch nach links weg, nimmt die Kreuzbewegung von 🔺1 an und bekommt den Ball gespielt (D).

- 🔺2 zieht dynamisch Richtung Tor und schließt mit Wurf nach Vorgabe ab (E).

- Etwas zeitversetzt starten 🔺3 und 🔺4 mit dem gleichen Ablauf. 🟢1 tritt sofort wieder an 🔺3 heraus.

- 🔺1 und 🔺2 stellen sich nach ihrer Aktion sofort wieder an. Wiederholen, bis jeder Spieler einmal geworfen hat.

⚠️ 🟢1 soll deutlich an den Angreifer heraustreten und attackieren, aber das Kreuzen (den Pass) am Ende zulassen.

TE 1 - 5	Abwehr / individuell	15	60

Ablauf 1. Aktion:

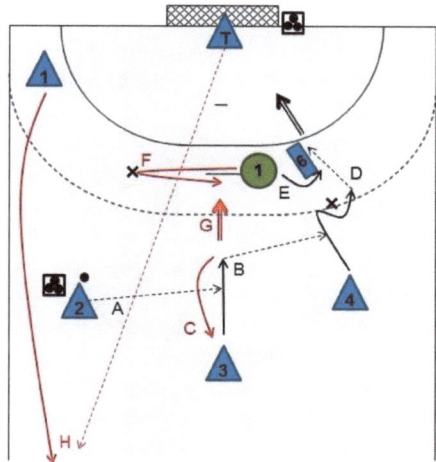

- 2 spielt 3 den Ball in den Lauf (A).

- 3 spielt 4 den Ball in den Lauf (B) und zieht sich danach sofort wieder auf die Ausgangsposition zurück (C).

- 4 macht aus der Bewegung mit Ball eine deutliche Körpertäuschung und spielt den Ball zu 6 an den Kreis, der versucht, mit Torwurf abzuschließen (D).

- 1 startet aus der Mitte (E) und muss versuchen, den Pass von 4 zu 6 (D) zu unterbinden.

Ablauf Folgeaktion:

- Nach der Aktion von 1 gegen 6, läuft 1 sofort zum Hütchen berührt es und läuft zurück in die Mitte.

- Dort macht 1 gegen 3 einen defensiven Wurfblock (F), der von 2 erneut einen Ball in den Lauf gespielt bekommt und aus dem Sprungwurf herauswirft (G).

- Nach dem Wurf startet 1 sofort in den Konter, bekommt von T den Ball in den Lauf gespielt (H) und schließt auf der anderen Hallenhälfte mit Torwurf ab.

⚠ 1 soll deutlich versuchen, den Kreisläufer abzuschirmen und an den Ball zu kommen. 6 darf dabei aus der Sperre herausarbeiten.

⚠ Nach dem Wurf (G) von 3 muss T sofort umschalten und den Konter einleiten (H).

| TE 1 - 6 | Abwehr / Kleingruppe | 15 | 75 |

Grundablauf:
- 4gegen3, Angriff in der Überzahl.
- ▲1 und ▲5 sind feste Anspieler.

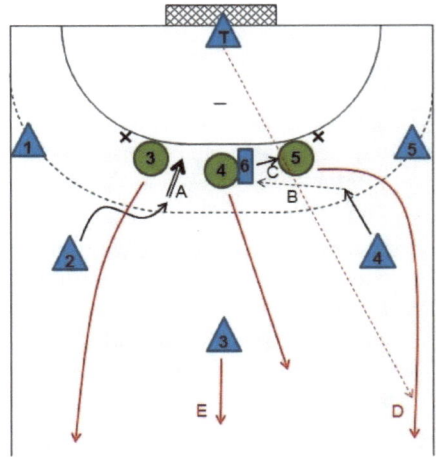

Ablauf für den Angriff:
- ▲2, ▲3 und ▲4 versuchen, durch einfache Aktionen Richtung Tor zu gehen.
- Verstellt ein Abwehrspieler nicht sauber den Wurfweg oder tritt nicht auf den Angreifer heraus, wirft der Angreifer (A).
- ▲6 soll permanent Sperren bei den Abwehrspielern (wechselnd) stellen (C), ist ein Pass möglich, soll er angespielt werden (B).

Aufgaben für die Abwehr:
- Aggressives Verteidigen gegen den Kreisläufer.
- Klare und deutliche Absprachen miteinander treffen, Sperren ansagen…
- Sofort nach der Abwehraktion starten ●3, ●4 und ●5 in den Konter und versuchen, auf der anderen Seite ein Tor zu erzielen.
- ▲2, ▲3, ▲4 und ▲6 versuchen, den Konter zu verteidigen.

⚠ Auf sofortiges Umschalten der Abwehr achten.

| TE 1 - 7 | Abschlussspiel | 15 | 90 |

Grundaufbau:
- Zwei Mannschaften bilden, die 6gegen6 gegeneinander spielen.
- Zwei Halbzeiten zu je fünf Minuten spielen.

Ablauf:
- Die angreifende Mannschaft soll hauptsächlich durch 1gegen1 Aktionen oder durch ein einfaches Ankreuzen mit anschließender direkter Aktion Richtung Tor versuchen, zum Torerfolg zu kommen.
- Gelingt ein Kontertor nach aktivem Ballgewinn in der Abwehr, bekommt diese Mannschaft einen Punkt.

Verlierermannschaft jeder Halbzeit macht zwei Steigerungsläufe über die ganze Halle.

TE 2	Grundlagen Beinarbeit für die Abwehrarbeit		★★★	90

	Startblock			Hauptblock				
X	Einlaufen/Dehnen			Angriff / individuell			Sprungkraft	
	Laufübung			Angriff / Kleingruppe			Sprintwettkampf	
	Kleines Spiel			Angriff / Team			Torhüter	
	Koordination			Angriff / Wurfserie				
X	Laufkoordination		X	Abwehr /Individuell			Schlussblock	
	Kräftigung			Abwehr / Kleingruppe		X	Abschlussspiel	
X	Ballgewöhnung			Abwehr / Team			Abschlusssprint	
X	Torhüter einwerfen			Athletiktraining				
				Ausdauertraining				

Benötigt:
- Kreise auf dem Hallenboden (je 4 Spieler einen)
- 1 Koordinationsleiter
- 11 Hütchen
- je Spieler ein Springseil
- 2 kleine Turnkisten
- ausreichend Bälle

TE 2 - 1	Einlaufen/Dehnen	15	15

Ablauf:
- Alle Spieler laufen selbständig mit Ball kreuz und quer in einer Hallenhälfte. Auf Pfiff und Ansage des Trainers müssen sich immer zwei Spieler zusammenfinden, auf die die angesagte Aussage zutrifft:
  o Gleiche Haarfarbe.
  o Gleiche Schuhmarke.
  o Gleicher/s Geburtsmonat / Geburtsjahr.
  o Gleiche Anzahl Buchstaben des Vornamens /Nachnamens.
- Die Spieler, die übrigbleiben (auf die die Aussage nicht zutrifft, oder die sich nicht zu zweit zusammenfinden können), prellen mit mittlerem Tempo zur gegenüberliegenden Grundlinie und wieder zurück.

Gemeinsam in der Gruppe dehnen.

| TE 2 - 2 | Abwehr / individuell | 10 | 25 |

Grundaufbau:

- Immer 2 Pärchen suchen sich einen Kreis auf dem Hallenboden.

Ablauf:

- und fassen sich gegenseitig an der Schulter an und nehmen vorsichtig Druck auf (A).
- Sobald beide gleichzeitig drücken, beginnt der Wettkampf und sie müssen versuchen, sich gegenseitig aus dem Kreis zu schieben (B).
- Der Verlierer macht direkt danach 10 Liegestützen.
- Danach beginnt das zweite Pärchen (2 und 2) mit dem gleichen Ablauf.
- Jedes Pärchen wiederholt den Ablauf 3-4mal.

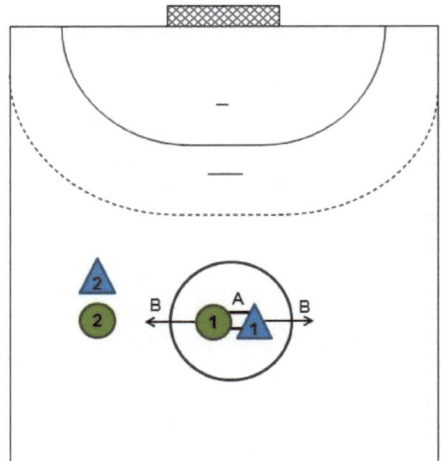

Variation:

- Die Spieler fassen sich mit doppeltem Griff an der rechten Hand und müssen sich gegenseitig aus dem Kreis herausziehen.

⚠ Es dürfen keine Finten gemacht werden (nicht ins Leere laufen lassen). Die Spieler dürfen sich nur geradeaus aus dem Kreis herausdrücken!

⚠ Die Spieler müssen sich gut festhalten und auf ein eventuelles Abrutschen der Hände aufpassen!

| TE 2 - 3 | Laufkoordination | 10 | 35 |

Grundablauf:

- Laufrichtung seitwärts mit Doppelkontakt in den Zwischenräumen (zuerst re. Fuß, dann li. Fuß nachziehen, usw.).
- Blickrichtung zur gegenüberliegenden Hallenseite (A).

Ablauf:

- ▲ startet in der Seitwärtsbewegung mit schnellen Schritten in der Koordinationsleiter (B).
- Kommt ▲ am Ende der Koordinationsleiter an, läuft er in der Seitwärtsbewegung weiter, umrundet das Hütchen (C) und läuft wieder zurück in die Koordinationsleiter (D).
- Auf Pfiff des Trainers sprintet ▲ sofort aus der Seitwärtsbewegung heraus auf dem schnellsten Weg in den 6 Meter Kreis (E).
- Sobald ▲ am Wendehütchen angekommen ist, startet ▲, auch wenn ▲ noch in der Übung ist. Der Trainer muss das Pfeifen so timen, dass sich die Spieler in der Übung nicht treffen. Sind zwei Spieler in der Übung, sprintet ▲ bei ersten Pfiff und ▲ beim 2. Pfiff los.

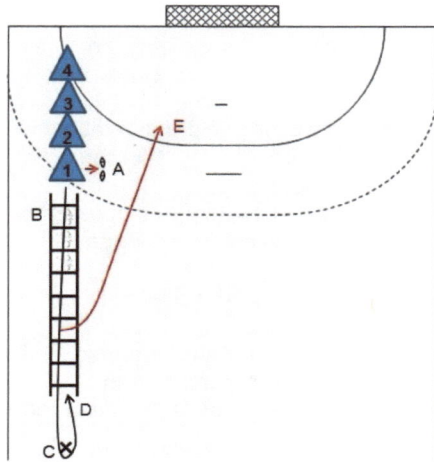

Variationen:

- Während der Übung einen Ball um den Körper kreisen.
- Mit den Händen Hampelmannbewegungen bzw. Kreiselbewegungen machen.

TE 2 - 4	Laufkoordination	10	45

Ablauf 1:

- Alle Spieler nehmen ein Springseil und stellen sich in einem Kreis auf.
- Verschiedene Springvariationen selbständig durchführen (Einspringen):
  - ○ Beidbeiniges, einbeiniges schnelles Einspringen.
  - ○ Vorwärts-/Rückwärtsschwingen beim Springen.
- Folgende Springübungen schnell hintereinander durchführen:
  - ○ 30mal auf dem rechten Bein.
  - ○ 30mal auf dem linken Bein.
  - ○ 30mal beidbeinig.
  - ○ 10mal schnell vorwärtsschwingen, stoppen und sofort 10mal schnell rückwärtsschwingen.

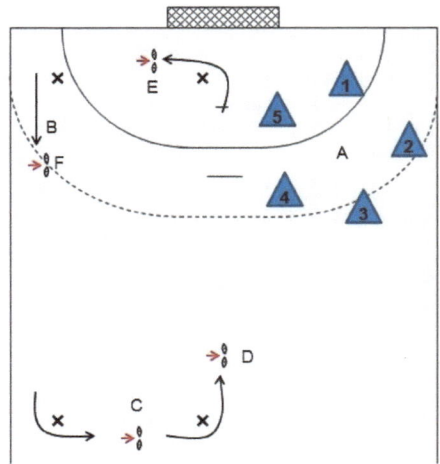

Ablauf 2:

- Blickrichtung ist bei der Übung immer auf die rechte Hallenhälfte gerichtet (F).
- Alle Spieler starten nacheinander, laufen seilspringen seitwärts die erste Bahn (B), umlaufen das Hütchen, laufen vorwärts (C) springend zum nächsten Hütchen, umlaufen es und laufen in der Seitwärtsbewegung seilspringend zurück (D), um das vierte Hütchen herum und rückwärts Seilspringend wieder zurück zum Ausgangspunkt (E).

| TE 2 - 5 | Ballgewöhnung | 10 | 55 |

Ablauf:

- 2 startet ohne Ball und umläuft das Hütchen (A).
- 1 startet etwas zeitversetzt, prellt zum Hütchen (B) und passt 2 den Ball in den Lauf (C).
- Etwas zeitversetzt zu 2 startet 3, umläuft das Hütchen und bekommt von 2 den Ball gespielt (D).
- Etwas zeitversetzt zu 3 startet 4, umläuft das Hütchen und bekommt von 3 den Ball gespielt (E).
- Usw.

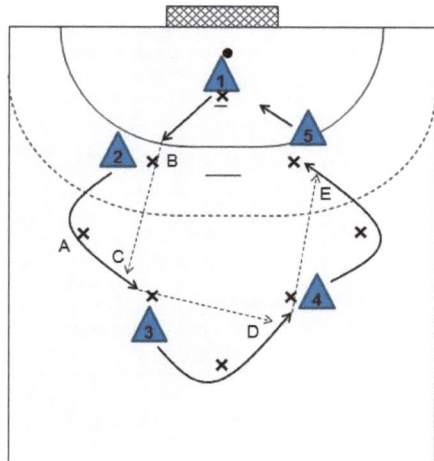

⚠ Die Spieler sollen ohne Ball um das Hütchen laufen (sich freilaufen).

⚠ Der Ablauf muss so abgestimmt werden, dass ein Pass- und Bewegungsfluss entsteht.

| TE 2 - 6 | Torhüter einwerfen | 10 | 65 |

Ablauf:

- 1 startet mit Ball und läuft dynamisch vorwärts/rückwärts (Blickrichtung immer gleich zur Torauslinie) von Hütchen zu Hütchen (A) und wirft am Ende nach Vorgabe (Hoch, halb, tief) (B).
- Nach dem Wurf sofort umschalten und um das Hütchen zur Ballkiste laufen (C) und mit Ball wieder anstellen (D).
- 2 startet unmittelbar nach 1, damit für den Torhüter ein Rhythmus entsteht
- Usw. bis die Ballkiste leer ist

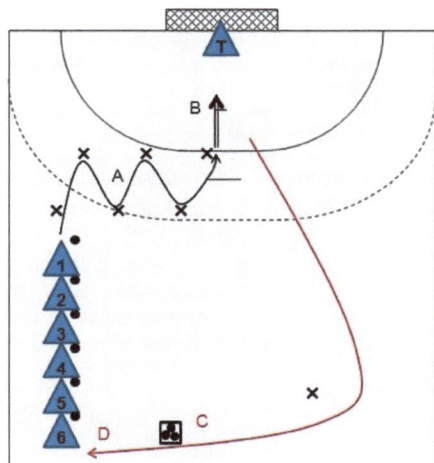

Variationen:
- In der Seitwärtsbewegung durch die Hütchen laufen.
- Über das falsche Bein werfen

TE 2 - 7	Abwehr / individuell	15	80

Ablauf:

- ▲**1** startet mit Ball (zuvor Pass und Rückpass mit ●**1**) und versucht, im 1 gegen 1 an ●**1** vorbei einen Fuß auf die Hütchenlinie zu setzen (A).

- ●**1** startet nach dieser 1. Aktion sofort in den Konter und bekommt von ▲**1** den Ball gespielt.

- ●**1** passt dem Torhüter den Ball (B), bekommt den Rückpass und macht gegen ●**2** eine 1 gegen 1 Aktion und versucht, mit Wurf abzuschließen (C und D).

- Nach der Aktion startet ●**2** sofort und macht gegen ●**3** eine 1 gegen 1 Aktion ohne Ball und versucht, mit einem Fuß hinter die Hütchenlinie zu treten (E).

- Nach der Aktion sprintet ●**3** sofort los (F), umsprintet das Hütchen und weiter durch die beiden Hütchen. Danach holt er sich einen neuen Ball und stellt sich wieder an.

- Sobald ●**1** in den Konter startet, beginnt ▲**2** mit seiner 1 gegen 1 Aktion gegen ▲**1** (Auftakt: Pass und Rückpass).

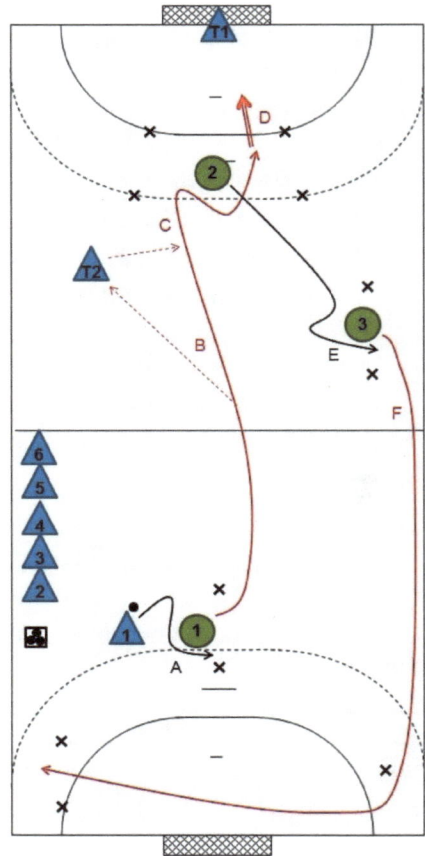

Grundsätzliches für die Abwehrspieler:
- Die Abwehrspieler sollen mit Bein- und Armarbeit den Angreifer mit hoher Dynamik attackieren und abdrängen.
- Gelingt es dem Angreifer nicht, in der 1. Aktion zum Abschluss (Wurf oder Fuß hinter die Hütchenlinie zu stellen) zu kommen, ist die Aktion abgeschlossen.
- Der Abwehrspieler startet dann sofort in die nächste Aktion und der Angreifer wird zum nächsten Abwehrspieler.

Grundablauf:
- Jeder Spieler macht die drei Abwehraktionen 1mal (2mal), danach ist eine kurze Pause und die Spieler machen für jede nicht erfolgreiche Abwehraufgabe 5 Liegestützen.

⚠ Auf hohe Dynamik in der Aktion achten.

⚠ Auf korrekte Abwehrstellung achten.

| TE 2 - 8 | Abschlussspiel | 10 | 90 |

Grundaufbau:

- Je zwei Spieler (▲1, ▲2 und ●1, ●2) setzen sich Rücken an Rücken auf eine kleine Turnkiste. Die beiden Spieler, die auf derselben Turnkiste sitzen, sind im weiteren Verlauf ein Team.
- Ein Ball wird in der Mitte zwischen die beiden Hütchen gelegt.

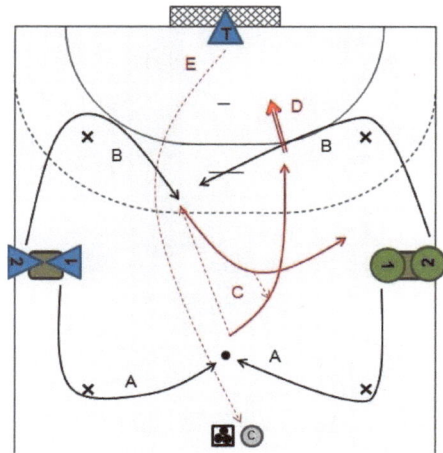

Ablauf:

- Alle vier Spieler starten auf Kommando gleichzeitig (damit keine große Pause entsteht, setzen sich die nächsten vier Spieler danach bereits hin).
- ▲1 und ●1 umlaufen ihr Hütchen und versuchen jeweils, zuerst den Ball zu erreichen (A).
- ▲2 und ●2 umlaufen das hintere Hütchen und greifen danach ins Spiel ein (B).
- Die Mannschaft, welche den Ball erlaufen hat, spielt nun 2 gegen 2 gegen die beiden anderen Spieler (C) und versucht, ein Tor zu erzielen (D).
- Gelingt es den beiden Abwehrspielern (hier im Beispiel ●1 und ●2), den Ball herauszuspielen, dürfen sie sofort ihrerseits versuchen, (auf das gleiche Tor) ein Tor zu erzielen. Sind sie dabei erfolgreich, müssen die beiden anderen 10 Liegestützen machen.
- Nach dem Wurf holt der Torhüter sofort den Ball und wirft ihn zum Trainer/2. Torhüter, der ihn dann wieder auf den Punkt legt (E).
- Usw.

⚠ Die Spieler können (sollen) sich vorher absprechen, wer um den Ball kämpft.

⚠ Sofortiges Umschalten, wenn die Abwehrspieler den Ball erkämpft haben.

TE 3		Intensives Abwehrtraining Individuell / Kleingruppe		★★★	90

Startblock		Hauptblock			
X	Einlaufen/Dehnen		Angriff / individuell	Sprungkraft	
X	Laufübung		Angriff / Kleingruppe	Sprintwettkampf	
	Kleines Spiel		Angriff / Team	Torhüter	
	Koordination		Angriff / Wurfserie		
	Laufkoordination	X	Abwehr /Individuell	**Schlussblock**	
	Kräftigung	X	Abwehr / Kleingruppe	Abschlussspiel	
X	Ballgewöhnung		Abwehr / Team	X Abschlusssprint	
X	Torhüter einwerfen		Athletiktraining		
			Ausdauertraining		

Benötigt:

- 10 Hütchen
- 8 kleine Turnkisten
- jeder Spieler ein Springseil
- ausreichend Bälle

TE 3 - 1	Einlaufen/Dehnen	15	15

Ablauf:

Selbständiges Einlaufen mit Ball, wenn sich zwei Spieler „treffen" (aneinander vorbeilaufen), folgendes ausführen:

- Mit einer Hand abklatschen.
- Jeweils mit dem Fuß kurz berühren.
- Hochspringen und oben mit einer Hand abklatschen.
- Hochspringen und mit der Brust zusammengehen.
- Bälle tauschen.

Gemeinsam in der Gruppe dehnen.

| TE 3 - 2 | Laufübung | 15 | 30 |

Grundaufbau:

- Jeder Spieler bekommt ein Springseil.
- Die Spieler verteilen sich gleichmäßig auf der Runde um die Hütchen.

Ablauf:

- Alle Spieler starten gleichzeitig und laufen in langsamen Tempo im Kreis seilspringend um die Hütchen (A).
- Auf Kommando des Trainers startet 9, erhöht sein Lauftempo und läuft weiter seilspringend im Slalom um die anderen Spieler (B), die weiterhin in langsamen Tempo (seilspringend) um die Hütchen laufen.
- Sobald 9 nach einem Umlauf um alle Spieler wieder an seinem Platz angekommen ist, startet 1 mit dem gleichen Ablauf.
- Usw. bis alle Spieler einmal dran waren.

⚠ Der Ablauf ist sehr intensiv, eventuell schickt man den nächsten Spieler etwas früher auf den Weg, so dass immer zwei Spieler im Slalomdurchlauf sind.

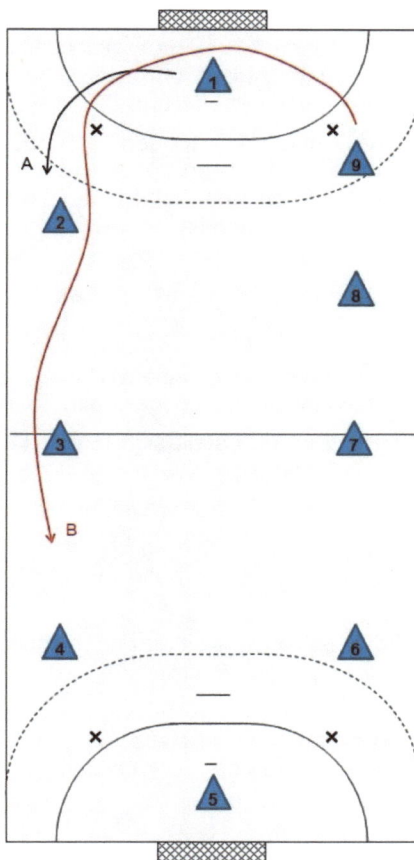

| TE 3 - 3 | Ballgewöhnung | 10 | 40 |

Ablauf:

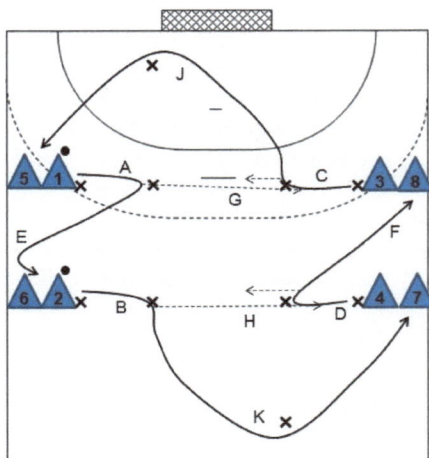

- 1️⃣ und 2️⃣ starten gleichzeitig mit dem Ablauf und stoßen mit Ball nach vorne (A und B)

- 3️⃣ und 4️⃣ stoßen von der anderen Seite an (C und D) und bekommen den Ball in den Lauf gespielt (G und H)

- Nach seinem Pass zieht sich 1️⃣ dynamisch rückwärts zurück und stellt sich hinter 6️⃣ wieder an (E)

- 2️⃣ läuft nach seinem Pass (H) dynamisch im Bogen um das Hütchen und stellt sich hinter 7️⃣ wieder an (K)

- 3️⃣ und 4️⃣ stoßen weiter bis zum Hütchen und passen den Ball zu den anstoßenden 5️⃣ und 6️⃣ usw.

- Der Ablauf wiederholt sich, alle Spieler laufen immer rechts herum

⚠️ Bei 8 Spielern (wie hier in der Abbildung) ist der Ablauf sehr intensiv, da es zu keinen Wartezeiten kommt

⚠️ Eventuell den Abstand der beiden äußeren Hütchen bei einer größeren Gruppe korrigieren bzw. der Leistungsstärke anpassen

| TE 3 - 4 | Torhüter einwerfen | 10 | 50 |

Ablauf:

- **2** startet mit Ball, umläuft mit schnellen Schritten die Hütchen (A) und wirft nach Vorgabe im Korridor (nach rechts) auf das Tor

- **1** startet etwas zeitversetzt mit dem gleichen Ablauf (B), so dass für den Torhüter eine Serie entsteht (Wurf nach links)

- Nach dem Wurf starten die Spieler sofort in den Konter und sprinten bis zur Mittellinie (C)

- Usw., bis jeder Spieler einmal geworfen hat

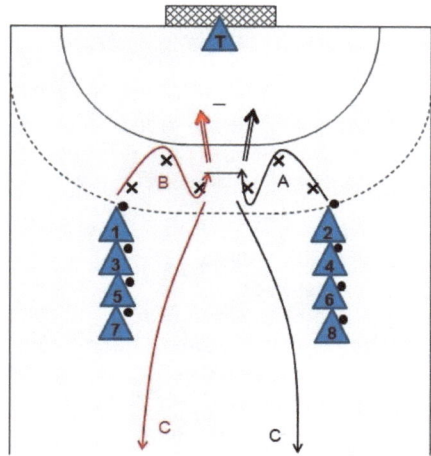

⚠ Blickrichtung beim Durchlaufen der Hütchen immer Richtung Tor (Laufrichtung: vorwärts/rückwärts)

TE 3 - 5	Abwehr / individuell	15	65

Grundablauf:

- Alle Spieler starten gleichzeitig mit dem Ablauf.
- Jeder Angreifer macht fünf Aktionen hintereinander.
- Für jede erfolgreiche Angriffsaktion (Fuß auf die Linie stellen) bekommt 🔺 einen Punkt. Kann 🔵 die Angriffsaktion verhindern, bekommt er einen Punkt.
- Die Spieler sollen nach einer absolvierten Aktion ohne Pause mit der nächsten beginnen.
- Für jeden Punkt von 🔺 macht 🔵 (nach den fünf Aktionen) fünf Liegestützen und umgekehrt (z.B. 3:2 für 🔵 = 15 Liegestützen für 🔺 und 10 für 🔵).
- Nach den fünf Aktionen wechseln 🔺 und 🔵 dann die Aufgabe.

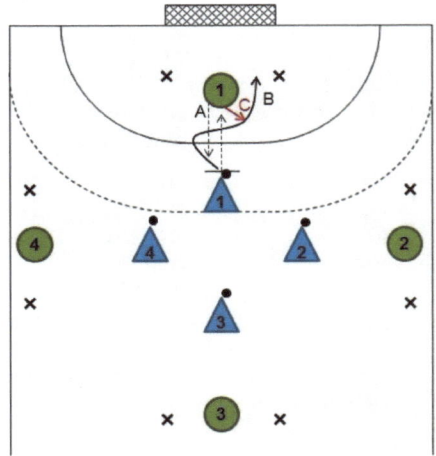

Ablauf:

- 🔺 startet mit Ball nach Pass und Rückpass mit 🔵 (A) und versucht, im 1 gegen 1 an 🔵 vorbei einen Fuß auf die Linie zwischen den Hütchen zu stellen (B).
- 🔵 arbeitet gegen 🔺 und versucht mit Arm- und Beinarbeit, ihn von der Linie wegzuhalten.
- Wenn 🔵 den Ball erobert oder 🔺 festmacht, ist die Aktion beendet.

⚠ Die Übung ist sehr intensiv, trotzdem aber auf die richtige Ausführung der Abwehraktion achten (richtiges Stehen, Beinarbeit, Armhaltung).

2. Durchgang:

- Nach dem ersten Durchgang (jeder Spieler war einmal Angriff und einmal in der Abwehr) werden die Pärchen neu zusammengestellt. Sieger und Verlierer der ersten Runde jeweils zusammen.

| TE 3 - 6 | Abwehr / Kleingruppe | 15 | 80 |

Grundablauf:

- ◭1, ◭2 und ◭3 spielen im 3gegen3 gegen ●1, ●2 und ●3.
- Nach jedem Angriff wird die Aufgabe gewechselt (Angriff wird zur Abwehr...).
- Verhindert die Abwehr einen Torerfolg von ◭1, ◭2 und ◭3, bekommt sie einen Punkt.
- Die Mannschaft, die zuerst drei Punkte erzielt, gewinnt. Die Verlierermannschaft macht 20 schnelle Hampelmannbewegungen und einen Sprint bis zur Mittellinie.

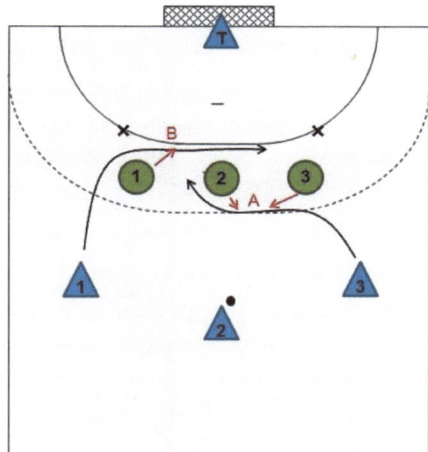

Ablauf:

- ●1, ●2 und ●3 sollen durch klare Absprachen, gegenseitiges Übergeben und Übernehmen (A), sowie Begleiten von Einläufern (B) versuchen, den Angriff am Torwurf zu hindern.
- ◭1, ◭2 und ◭3 sollen durch freies Spiel (1gegen1, Kreuzbewegungen, Einlaufen ohne Ball) versuchen, ein Tor zu erzielen.

⚠ Gleichzeitig auf zwei Tore spielen, nach der ersten Runde spielen dann die beiden Verlierer- und Gewinnermannschaften in der zweiten Runde gegeneinander.

| TE 3 - 7 | Abschlusssprint | 10 | 90 |

Aufbau:

- Mannschaften mit je zwei Spielern bilden.
- Der 6 Meter Kreis ist die Start-/Ziellinie. Die Spieler können sich jeweils den optimalen Wechselpunkt suchen.

Ablauf:

- 1, 1 und 1 (usw.) starten gleichzeitig auf Kommando mit Ball zur 1. Ballkiste (A), legen dort den Ball hinein (B), kommen zurück gesprintet (C) und klatschen 2, 2, 2 ab.
- 2, 2 und 2 starten zur 1. Ballkiste nehmen **IHREN** Ball heraus (D), sprinten zur 2. Ballkiste, legen diesen dort hinein (E), sprinten zurück und klatschen 1, 1, 1 ab (F).
- Dieser Ablauf wiederholt sich solange, bis der Ball in der 8. Kiste liegt. Jetzt beginnt der Ablauf rückwärts und der Ball wird wieder bis in die 1. Ballkiste transportiert.
- Der letzte Sprint erfolgt dann, um den Ball aus der 1. Ballkiste in den 6 Meter Kreis zu holen.

⚠ Der Ablauf ist sehr intensiv, eventuell 3er Mannschaften bilden. Die Spieler sollen sich eventuell vorher kurz über eine Taktik absprechen können.

⚠ Bei den ersten Kisten ist der Andrang beim Ablegen in die Kiste/wieder herausnehmen sehr groß.

⚠ Bleibt ein Ball beim Ablegen nicht in der Kiste, muss der Spieler zurück und ihn wieder reinlegen.

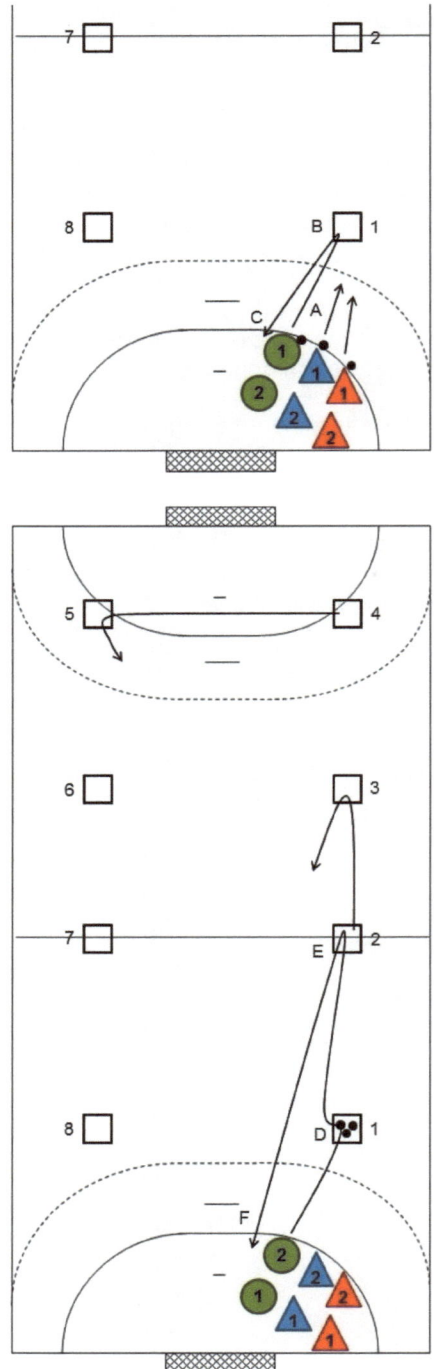

TE 4	Abwehrverhalten in der 3:2:1 gegen einen Übergang		★★★	90

Startblock		Hauptblock				
X	Einlaufen/Dehnen		Angriff / individuell			Sprungkraft
	Laufübung		Angriff / Kleingruppe			Sprintwettkampf
X	Kleines Spiel		Angriff / Team			Torhüter
	Koordination		Angriff / Wurfserie			
	Laufkoordination	X	Abwehr /Individuell			**Schlussblock**
	Kräftigung	X	Abwehr / Kleingruppe		X	Abschlussspiel
X	Ballgewöhnung	X	Abwehr / Team			Abschlusssprint
X	Torhüter einwerfen		Athletiktraining			
			Ausdauertraining			

Benötigt:
- 5 Hütchen
- 2 Ballkisten mit ausreichend Bällen

TE 4 - 1	Einlaufen/Dehnen	15	15

Ablauf:
- Alle Spieler bewegen sich in 2er-Gruppen frei durch die Halle und passen sich dabei einen Ball.
- Laufrichtung immer wieder wechseln (vorwärts, rückwärts, seitwärts).
- Zwei Gruppen finden sich zusammen, eine Gruppe macht die Lauf- und Passbewegungen vor, die zweite Gruppe muss die Lauf- und Passbewegungen zügig nachmachen:
  o Kurze/weite Pässe.
  o Sprungwurfpass.
  o 1 gegen 1 Aktionen.

Nach einer Weile wird getauscht und die andere 2er Gruppe macht die Bewegungen vor.

- Gemeinsam in der Gruppe dehnen / Stabilisation und Mobilisation.

| TE 4 - 2 | kleines Spiel | 10 | 25 |

Ablauf:

- Zwei Fänger versuchen, die anderen Spieler zu fangen (A).
- Der Spieler, der gerade den Ball hat und der Spieler, der ihn als letztes hatte, dürfen nicht gefangen werden.
- Die Gruppe der gejagten Spieler muss somit den Ball immer zu dem Spieler spielen, der gerade in Gefahr ist, gefangen zu werden (B).
- Wurde ein Spieler gefangen, so wird er zum Fänger.

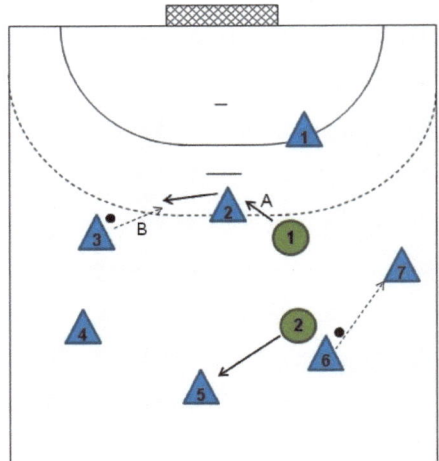

⚠ Es müssen so viele Bälle wie Fänger im Spiel sein.

⚠ Die Fänger kennzeichnen (z. Bsp. durch ein Leibchen in der Hand).

| TE 4 - 3 | Abwehr / individuell | 10 | 35 |

Ablauf:

- 🔺 startet ohne Ball und versucht, im 1 gegen1 an 🟢 vorbei zu kommen und ein Hütchen zu berühren (A).

- 🟢 schiebt 🔺 mit aktiver Arm- und Beinarbeit am Hütchen vorbei (C).

- 🔺 startet zeitgleich den Ablauf auf der anderen Seite (B).

- Nach der Aktion umlaufen 🔺 und 🔺 das Hütchen in der Mitte und machen folgende Zusatzaufgaben:
  - o Site-steps (nach li. / re.).
  - o Site-steps über Kreuz.
  - o 3-4 mal Hampelmann.
  - o 1 Rad schlagen.
  Und stellen sich danach auf der anderen Seite wieder an.

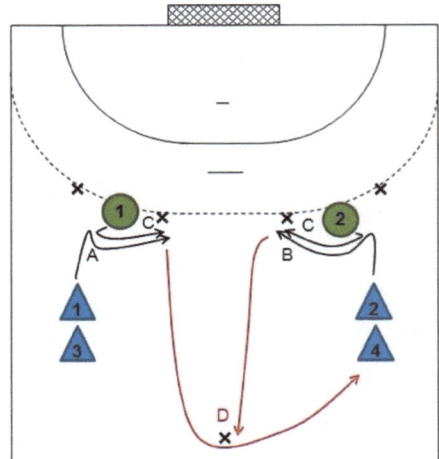

Variation:

- Zuerst das Durchbrechen zum Hütchen nur auf einer Seite zulassen.
- Im 2. Schritt dem Angreifer die freie Wahl geben, welches Hütchen er berührt.

TE 4 - 4	Torhüter einwerfen	10	45

Ablauf:

- 1 startet mit Ball und durchläuft mit schnellen Schritten die beiden Schaumstoffbalken vorwärts- und rückwärts (A) und schließt mit Wurf nach Vorgabe ab (B)

- Nach dem Wurf startet 1 sofort eine 1gegen1 Aktion ohne Ball gegen 1 und versucht, eines der beiden Hütchen mit der Hand zu berühren (C). 1 soll mit Armeinsatz und Beinarbeit (Querstellung) 1 abdrängen

- 2 startet etwas zeitversetzt den gleichen Ablauf und macht die

- 1gegen1 Aktion dann gegen 2 (D), usw.

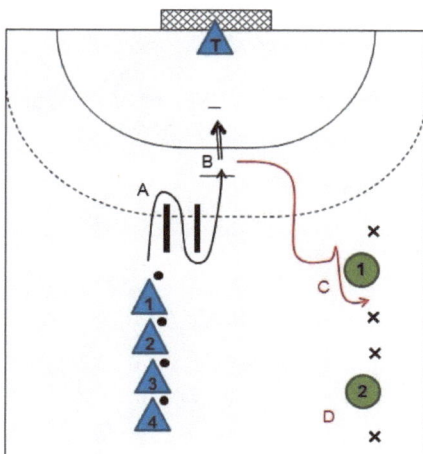

TE 4 - 5	Abwehr / individuell	10	55

Ablauf:

- 3 stößt mit Ball und passt 2 den Ball in den Lauf (A).

- 2 stößt leicht nach links und passt 1 den Ball in den Lauf (B).

- Nach dem Pass zieht 2 dynamisch nach rechts und versucht, an 1 vorbei an den Kreis durchzubrechen (C). 1 arbeitet mit den Armen und schräger Schrittstellung und drängt 2 nach außen ab (D).

- 1 passt zum Torhüter, dieser passt zu 6, der als nächster Angreifer anstößt.

- Nach seinem Pass sprintet 3 zur Mittellinie und stellt sich auf der anderen Seite wieder an. 1 und 2 stellen sich eine Position weiter an.

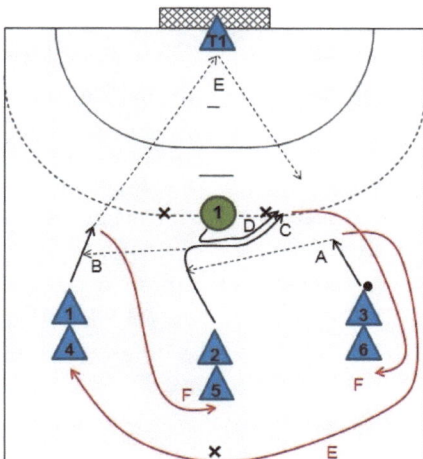

Variation:

- Ablaufseite drehen.

- 1 macht drei Abwehr-Schiebeaktionen hintereinander und startet nach der dritten in den Konter. 1 bekommt einen Ball in den Lauf gespielt und schließt auf dem anderen Tor mit Wurf ab.

TE 4 - 6	Abwehr / Kleingruppe	10	65

Grundaufbau:

- Spiel 3gegen3.
- Auftaktvorgabe für den Angriff: RM passt zu RL oder RR und versucht, entgegen der Passrichtung an den Kreis überzugehen.

Ablauf:

- △3 stößt an und passt △2 den Ball in den Lauf.

- △2 stößt etwas nach links und spielt △1 den Ball in den Lauf. Nach diesem Pass läuft △2 dynamisch gegen die Passrichtung und versucht, an ●2 vorbei an den Kreis zu kommen.

- ●2 stellt sich quer und hindert △2 mit aktiver Armarbeit am übergehen (C). ●2 bleibt vorne und übergibt (schiebt) △2 zu ●3.

- △1 kann nun entscheiden, ob er im 1gegen1 versucht, an ●1 vorbei zu gehen (D), oder ob er den Ball zu △3 spielt (E).
- Der Angriff soll danach kreativ weiterspielen und den Abschluss suchen.
- Gelingt es den Abwehrspielern, den Ball abzufangen oder den Angreifer mit Ball festzumachen, wechseln die Aufgaben.
- ●1, ●2 und ●3 starten sofort in den Konter und sprinten über die Mittellinie. Der Spieler, der am weitesten vorne ist (am optimalsten läuft), bekommt vom Torhüter den Ball gespielt und schließt mit Wurf ab (F).
- △1, △2 und △3 werden zu neuen Abwehrspielern.

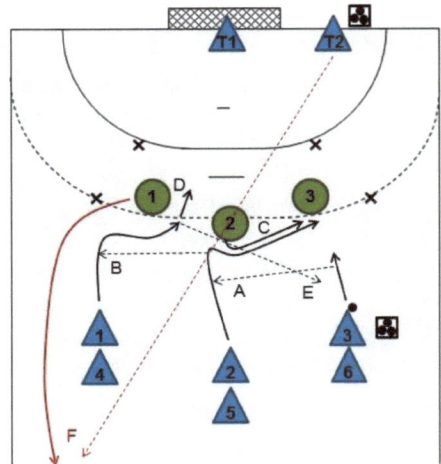

Variation:

- Im Wechsel von links oder von rechts anfangen.

⚠ ●2 muss △2 querstehend annehmen, um ihm das Durchbrechen nicht zu ermöglichen.

⚠ Mit Armeinsatz △2 zur Seite wegschieben/wegdrücken.

| TE 4 - 7 | Abwehr / Team | 15 | 80 |

Grundaufbau:

- Erweiterung auf 4gegen4 mit Kreisläufer.

Ablauf (Bild 1):

- Auftakthandlung wie in der Übung zuvor (A). **2** passt den Ball zu **1** (B) und versucht, gegen die Passrichtung an den Kreis überzugehen.

- **2** blockiert ihn durch eine deutliche Querstellung und Zustellung des Laufweges (C).

- **4** übernimmt dabei die Absicherung von **4** (D).

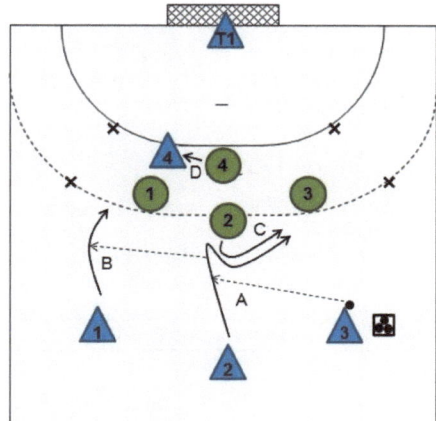

(Bild 1)

Weiterer Ablauf (Bild 2):

- Gelingt es **2**, an den Kreis überzugehen (Ballbesitz **1**), nimmt die Abwehr folgende Stellung ein:

  o **1** tritt auf **1** heraus (E).

  o **4** übernimmt **4**.

  o **2** schirmt den Diagonalpass zu **2** ab, deutlich mit erhobenen Händen dastehen und den Pass nicht zulassen (F).

  o **3** steht im Halbfeld.

- Passt **1** zu **3**, stellt sich die Abwehr um:

  o **3** tritt deutlich auf **3** heraus (H).

  o **4** übernimmt mit schnellen Schritten **2** (J).

  o **2** schiebt seitlich rüber und verstellt wiederrum den Diagonalpass an den Kreis (K).

  o **1** sinkt nach hinten und schirmt den Raum ab (L).

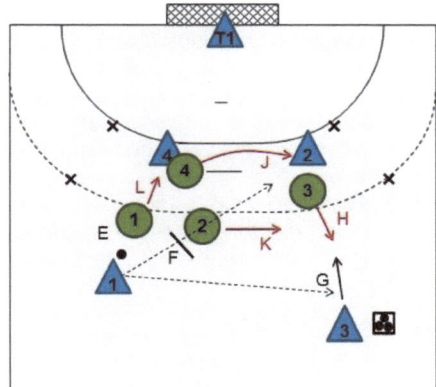

(Bild 2)

Wettkampf:

- Nach jedem Angriff wechseln die Mannschaften. Erzielt die angreifende Mannschaft zuvor ein Tor, erhält sie einen Punkt. Wer hat zuerst drei Punkte?
- Verlierermannschaft macht z.B. 10 Hampelmänner und zwei Sprints über das ganze Feld.

Vorgabe für den Angriff:

- Auftakthandlung muss immer mit Pass von 2 auf Halb absolviert werden. 2 muss nach diesem Pass gegen die Passrichtung an den Kreis übergehen.

TE 4 - 8	Abschlussspiel	10	90

Grundaufbau:

- Zwei Mannschaften bilden, die 6gegen6 gegeneinander spielen.
- Abwehr: Jeweils 3:2:1.
- Auftaktvorgabe für den Angriff: RM passt zu RL oder RR und versucht, entgegen der Passrichtung an den Kreis überzugehen.

Ablauf:

- Gelingt es der angreifenden Mannschaft, innerhalb von drei Pässen nach dem Übergang von RM ein Tor zu erzielen, bekommt sie zwei Punkte für das Tor.
- Erzielt sie ein Tor aus dem weiteren Spiel heraus (nach dem Auftaktübergang), bekommt sie einen Punkt.
- Erzielt sie kein Tor, bekommt sie wieder einen Punkt abgezogen (Minuspunkt)
- Die Verlierermannschaft macht eine zuvor definierte Zusatzaufgabe.

TE 5	Übergabe Wurfeck zwischen Block und Torhüter		★★★	90

Startblock			Hauptblock					
X	Einlaufen/Dehnen			Angriff / individuell			Sprungkraft	
	Laufübung			Angriff / Kleingruppe			Sprintwettkampf	
X	Kleines Spiel			Angriff / Team			Torhüter	
	Koordination			Angriff / Wurfserie				
	Laufkoordination		X	Abwehr /Individuell			**Schlussblock**	
	Kräftigung		X	Abwehr / Kleingruppe		X	Abschlussspiel	
X	Ballgewöhnung			Abwehr / Team			Abschlusssprint	
X	Torhüter einwerfen			Athletiktraining				
				Ausdauertraining				

Benötigt:
- 4 Hütchen
- Ballkiste mit ausreichend Bälle

TE 5 - 1	Einlaufen/Dehnen	15	15

Grundaufbau:
- Die Spieler in 4er/5er Gruppen aufteilen und je einen Leader bestimmen.

Ablauf:
- Die einzelnen Gruppen bewegen sich frei in der Halle.
- Der Leader läuft voraus und macht Übungen vor, die anderen Spieler laufen ihm hinterher und machen die vorgemachten Übungen nach (A).
- Treffen sich zwei Gruppen und die beiden Leader klatschen sich dabei ab, ist das das Signal für die nachlaufenden Spieler, den Leader zu tauschen. Sie müssen sofort reagieren und die Übungen des neuen Leaders nachmachen.
- Erfolgt ein Pfiff des Trainers, wird je ein neuer Spieler zum neuen Leader und übernimmt ab sofort das Vormachen.
- Usw.

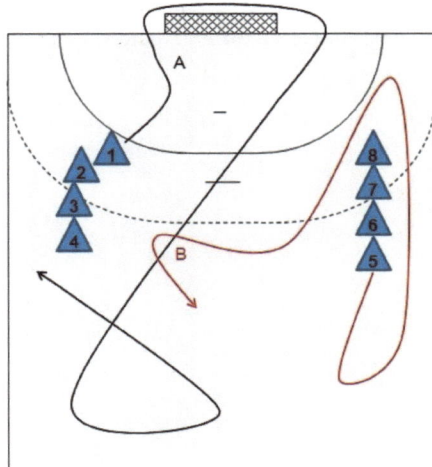

Variation:
- Jeder Spieler mit Ball.

| TE 5 - 2 | kleines Spiel | 10 | 25 |

Spielfeld:
- Auf einer Spielhälfte.

Ablauf:
- 1-3 Spieler (abhängig von der Spieleranzahl) bekommen ein Leibchen in die Hand.
- Die anderen Spieler ohne Leibchen bewegen sich frei im Spielfeld.
- Die Spieler mit Leibchen müssen versuchen, mit der „Leibchen-Hand" einen anderen Spieler auf dem Rücken zu berühren. Gelingt dies, bekommt dieser das Leibchen.
- Die Spieler ohne Leibchen können entweder weglaufen, oder in Abwehrhaltung versuchen, das Berühren auf dem Rücken zu verhindern. Für diese Aktion hat der Angreifer dann maximal 3 Sekunden Zeit, danach muss er es bei einem anderen Spieler versuchen.

Erweiterung:
- Zwei Spieler können sich für max. 3 Sekunden Rücken an Rücken stellen und sind dadurch frei - der Angreifer muss sich einen neuen Spieler suchen. Nach den 3 Sekunden dürfen diese beiden Spieler sich aber nicht noch einmal Rücken an Rücken stellen.

| TE 5 - 3 | Ballgewöhnung | 15 | 40 |

Grundaufbau:

- ▲1, ▲2, ▲3 und ▲4 stellen sich im Viereck auf. Das Standbein muss fest auf dem Boden stehen bleiben und die Position darf dann nicht mehr verändert werden.
- Der Ballhalter darf den Ball max. drei Sekunden in der Hand halten.

Ablauf:

- ①1 und ②2 sollen den Ballhalter unter Druck setzen und versuchen, einen Angreifer zu berühren, solange er den Ball hält, oder den Ball zu berühren.
- Gelingt die Abwehraktion, oder muss einer der Angreifer seine Position beim Fangen des Balls verlassen, darf der fehlerprovozierende Abwehrspieler einen Angreifer austauschen.

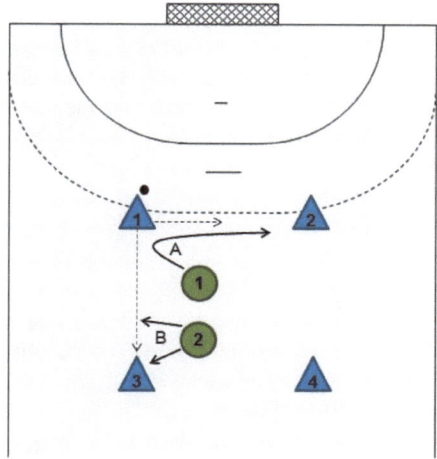

⚠ ① oder ② müssen den Ballhalter dynamisch unter Druck setzen und deutlich auf ihn zu treten.

⚠ ① und ② sollen eine Absprache finden, dass immer nur einer den Ballhalter angreift und der andere versucht, den Ball abzufangen.

TE 5 - 4	Torhüter einwerfen	10	50

Grundgedanke:

- ① und ② schirmen jeweils das lange Eck ab (D und H), und der Torhüter übernimmt jeweils das kurze Eck.

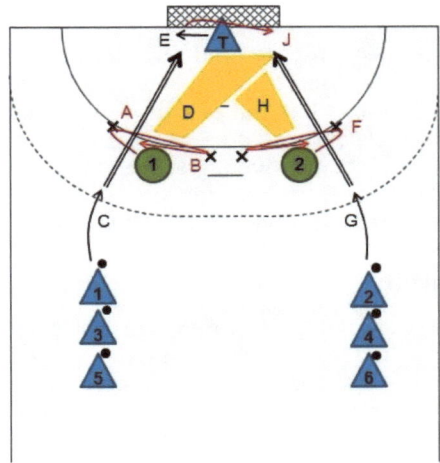

Ablauf:

- ① startet in der Seitwärtsbewegung, berührt das Hütchen (A) mit der Hand, läuft dann in der Seitwärtsbewegung zum zweiten Hütchen (B), berührt es und stellt sich dann in den defensiven Block.

- Etwas zeitversetzt zu ① startet ①, prellt etwas nach links (C) und

    wirft links an ① vorbei auf das kurze Eck (E). ① schirmt dabei das lange Eck ab (D).

- Etwas zeitversetzt dazu startet ② mit seiner Seitwärtsbewegung (F) und ② anschließend mit seinem Wurf in die kurze Ecke (G).

- Den Ablauf so abstimmen, dass für den Torhüter eine Serie im Wechsel entsteht (E und J). Der Torhüter soll dabei immer kurz in der Mitte des Tores stehen bleiben und von da aus dann in die kurze Ecke reagieren.

- Danach startet wieder ① und ③ wirft, usw.

⚠ ① und ② sollen nicht in den Wurfblock gehen, sondern jeweils auf dem langen Eck stehen bleiben, so dass es eine klare Aufgabenverteilung gibt (Abwehr steht auf dem langen Eck und der Torhüter übernimmt das kurze Eck).

TE 5 - 5	Abwehr / individuell	15	65

Ablauf:

- 3 stößt an und bekommt von 2 den Ball in den Lauf gespielt (A).

- 2 stößt mit, bekommt von 3 den Ball wieder gespielt (B) und passt 1 den Ball in den Lauf (C).

- 1 hat nun zwei Möglichkeiten:
  1. (Bild 1) Laufweg nach links und Wurf (D) aus dem Sprungwurf. 1 deckt das lange Eck ab (E) und der Torhüter übernimmt die kurze Ecke (F).
  2. (Bild 2) Eine deutliche Täuschbewegung (G) und ein Wegziehen Richtung Mitte mit anschließendem Sprungwurf (H). 1 schiebt mit nach innen, übernimmt im defensiven Block das kurze Eck (J). Der Torhüter verschiebt nach rechts und übernimmt die lange Ecke (K).

- Danach wiederholt sich der Ablauf auf der anderen Seite mit 2 und 3 (Auftaktpass über 4).

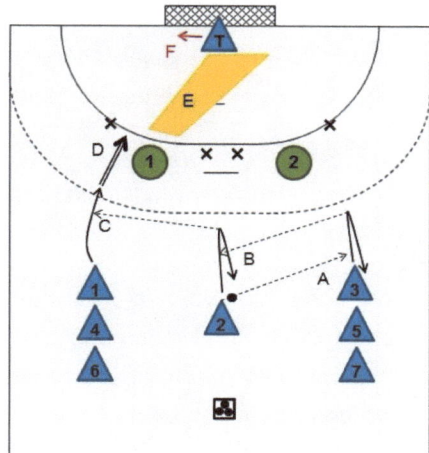

(Bild 1)

Grundablauf:

- 1 soll im defensiven Block bleiben und auf die Anlaufrichtung von 1 achten.

- 1 und der Torhüter sollen laut miteinander reden und die Eckenübergabe „besprechen".

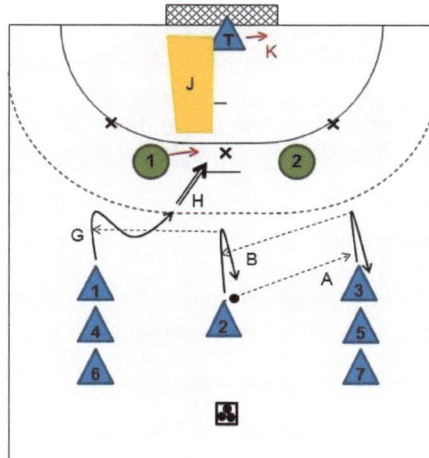

(Bild 2)

TE 5 - 6	Abwehr / Kleingruppe	15	80

Grundaufbau:

- ▲1 und ▲5 sind Anspielstationen.

- ▲2, ▲3 und ▲4 spielen im 3gg3 gegen ●1, ●2 und ●3, die defensiv in der Abwehr agieren sollen (defensiven Wurfblock).

Ablauf:

- ▲5 bringt den Ball ins Spiel und passt ▲4 den Ball in den Lauf (A).

- ▲4 stößt dynamisch an und passt ▲3 den Ball in den Lauf (B).

- ▲3 zieht dynamisch nach links, ▲2 nimmt die Kreuzbewegung an (C).

- Abhängig von der Laufbewegung von ▲2, übernimmt ●2 das Abdecken des lange Ecks (D und E), oder des kurzen Ecks (F und G).

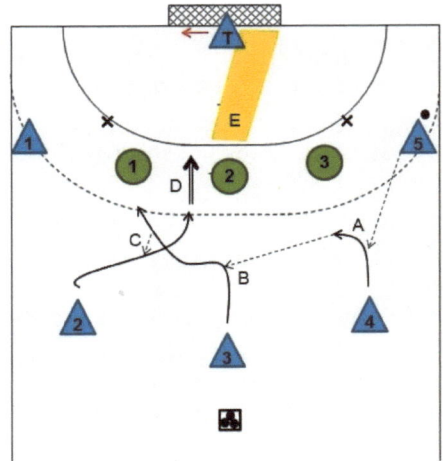

(Bild 1)

Weitere Abläufe:

- Die Angreifer sollen auf beliebigen Positionen ankreuzen und danach in den Wurf von 9 Meter gehen.
- Parallelpässe spielen und danach ebenfalls von 9 Meter werfen.

⚠ Der Torhüter soll mit den Abwehrspielern deutlich und laut kommunizieren, um die Eckenübergabe abzusprechen.

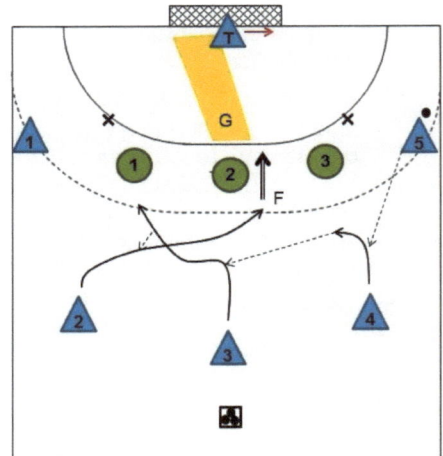

(Bild 2)

Wettkampf:

- Gelingt es dem Angriff, ein Tor zu erzielen, müssen die Abwehrspieler z.B. 10 schnelle Hampelmänner machen.

handball-uebungen.de
Trainingseinheiten und Übungen für Ihr Training!

| TE 5 - 7 | Abschlussspiel | 10 | 90 |

Grundaufbau:
- Zwei Mannschaften bilden, die Handball gegeneinander spielen
- Die Mannschaften decken 6:0

Ablauf:
- Ein Tor aus einem Wurf vor 9 Meter ergibt 2 Punkte
- Die Mannschaften sollen einfache Kreuzbewegungen spielen und im Anschluss aus dem Sprungwurf heraus werfen, oder nach einem Parallelpass werfen

6. Über den Autor

JÖRG MADINGER, geboren 1970 in Heidelberg

Juli 2014 (Weiterbildung): 3-tägiger DHB Trainerworkshop "Grundbausteine Torwartschule"
Referenten: Michael Neuhaus, Renate Schubert, Marco Stange, Norbert Potthoff, Olaf Gritz, Andreas Thiel, Henning Fritz

Mai 2014 (Weiterbildung): 3-tägige DHTV/DHB Trainerfortbildung im Rahmen des VELUX EHF FinalFour
Referenten: Jochen Beppler (DHB Trainer), Christian vom Dorff (DHB Schiri), Mark Dragunski (Trainer TuSeM Essen), Klaus-Dieter Petersen (DHB Trainer), Manolo Cadenas (Nationaltrainer Spanien)

Mai 2013 (Weiterbildung): 3-tägige DHTV/DHB Trainerfortbildung im Rahmen des VELUX EHF FinalFour
Referenten: Prof. Dr. Carmen Borggrefe (Uni Stuttgart), Klaus-Dieter Petersen (DHB Trainer), Dr. Georg Froese (Sportpsychologe), Jochen Beppler (DHB Stützpunkttrainer), Carsten Alisch (Nachwuchstrainer Hockey)

seit Juli 2012: Inhaber der DHB A-Lizenz

seit Februar 2011: Vereinsschulungen, Coaching im Trainings- und Wettkampfbetrieb

November 2011: Gründung Handball Fachverlag (handall-uebungen.de, Handball Praxis und Handball Praxis Spezial)

Mai 2009: Gründung der Handball-Plattform handball-uebungen.de

2008-2010: Jugendkoordinator und Jugendtrainer bei der SG Leutershausen

seit 2006: B-Lizenz Trainer

Anmerkung des Autors
1995 überredete mich ein Freund, mit ihm zusammen das Handballtraining einer männlichen D-Jugend zu übernehmen.

Dies war der Beginn meiner Trainertätigkeit. Daraufhin fand ich Gefallen an den Aufgaben eines Trainers und stellte stets hohe Anforderungen an die Art meiner Übungen. Bald reichte mir das Standardrepertoire nicht mehr aus und ich begann, Übungen zu modifizieren und mir eigene Übungen zu überlegen.

Heute trainiere ich mehrere Jugend- und Aktivmannschaften in einem breit gefächerten Leistungsspektrum und richte meine Trainingseinheiten gezielt auf die jeweilige Mannschaft aus.

Seit einigen Jahren vertreibe ich die Übungen über meinen Onlineshop handball-uebungen.de. Da die Tendenz im Handballtraining, vor allem im Jugendbereich, immer mehr in Richtung einer allgemeinen sportlichen Ausbildung mit koordinativen Schwerpunkten geht, eignen sich viele Spiele und Spielformen auch für andere Sportarten.

Lassen Sie sich inspirieren von den verschiedenen Spielideen und bringen Sie auch Ihre eigene Kreativität und Erfahrung ein!

Ihr

Jörg Madinger

7. Weitere Fachbücher des Verlags DV Concept

Von A wie Aufwärmen bis Z wie Zielspiel – 75 Übungsformen für jedes Handballtraining

Ein abwechslungsreiches Training erhöht die Motivation und bietet immer wieder neue Anreize, bekannte Bewegungsabläufe zu verbessern und zu präzisieren. In diesem Buch finden Sie Übungen zu allen Bereichen des Handballtrainings vom Aufwärmen über Torhüter einwerfen bis hin zu gängigen Inhalten des Hauptteils und Spielen zum Abschluss, die Sie in ihrem täglichen Training mit Ihrer Handballmannschaft inspirieren sollen. Alle Übungen sind bebildert und in der Ausführung leicht verständlich beschrieben. Spezielle Hinweise erläutern, worauf Sie achten müssen.

Mini- und Kinderhandball (5 Trainingseinheiten)

Mini- bzw. Kinderhandball unterscheidet sich grundlegend vom Training höherer Altersklassen und erst recht vom Handball in Leistungsbereichen. Bei diesem ersten Kontakt mit der Sportart „Handball" sollen die Kinder an den Umgang mit dem Ball herangeführt werden. Es soll der Spaß an der Bewegung, am Sport treiben, am Spiel miteinander und auch am Wettkampf gegeneinander vermittelt werden.

Das vorliegende Buch führt zunächst kurz in das Thema und die Besonderheiten des Mini- und Kinderhandballs ein und zeigt dabei an einigen Beispielübungen Möglichkeiten auf, das Training interessant und abwechslungsreich zu gestalten.

Passen und Fangen in der Bewegung - 60 Übungsformen für jedes Handballtraining

Passen und Fangen sind zwei Grundtechniken im Handball, die im Training permanent trainiert und verbessert werden müssen. Die vorliegenden 60 praktischen Übungen bieten viele Varianten, um das Passen und Fangen anspruchsvoll und abwechslungsreich zu trainieren. Ein besonderer Fokus liegt dabei darauf, die Sicherheit beim Passen und Fangen auch in der Bewegung mit hoher Dynamik zu verbessern. Deshalb werden die Übungen mit immer neuen Laufwegen und spielnahen Bewegungen gekoppelt.

Effektives Einwerfen der Torhüter - 60 Übungsformen für jedes Handballtraining

Das Einwerfen der Torhüter ist in nahezu jedem Training notwendiger Bestandteil. Die vorliegenden 60 Übungen zum Einwerfen bieten hier verschiedene Ideen, um das Einwerfen sowohl für Torhüter als auch für die Feldspieler anspruchsvoll und abwechslungsreich zu gestalten. Ein besonderer Fokus liegt dabei darauf, schon beim Einwerfen die Dynamik der Spieler zu verbessern.

Wettkampfspiele für das tägliche Handballtraining - 60 Übungsformen für jede Altersstufe

Handball lebt von schnellen und richtig getroffenen Entscheidungen in jeder Spielsituation. Dies kann im Training spielerisch und abwechslungsreich durch handballnahe Spiele trainiert werden. Die vorliegenden 60 Übungsformen sind in sieben Kategorien unterteilt und schulen die Spielfähigkeit.

Folgende Kategorie beinhaltet das Buch: Parteiball-Varianten, Mannschaftsspiele auf verschiedene Ziele, Fangspiele, Sprint- und Staffelspiele, Wurf- und Balltransportspiele, Sportartübergreifende Spiele, Komplexe Spielformen für das Abschlussspiel.

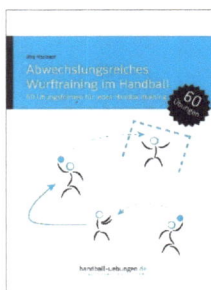

Abwechslungsreiches Wurftraining im Handball - 60 Übungsformen für jede Altersstufe

Der Wurf ist ein zentraler Baustein des Handballspiels, der durch regelmäßiges Training immer wieder erprobt und verbessert werden muss. Deshalb ist es immer wieder sinnvoll, Wurfserien im Training durchzuführen. Die vorliegende Übungssammlung bietet 60 verständliche, leicht nachzuvollziehende praktische Übungen zu diesem Thema, die in jedes Training integriert werden können.

Die Übungen sind in sechs Kategorien und drei Schwierigkeitsstufen unterteilt: Technik, Wurfübungen auf feste Ziele, Wurfserien mit Torwurf, Positionsspezifisches Wurftraining, Komplexe Wurfserien, Wurfwettkämpfe.

Taschenbücher aus der Reihe Handball Praxis

Handball Praxis 1 – Handballspezifische Ausdauer

Handball Praxis 2 – Grundbewegungen in der Abwehr

Handball Praxis 3 – Erarbeiten von Auslösehandlungen und Weiterspielmöglichkeiten

Handball Praxis 4 – Intensives Abwehrtraining im Handball

Handball Praxis 5 – Abwehrsysteme erfolgreich überwinden

Handball Praxis 6 – Grundlagentraining für E- und D- Jugendliche

Handball Praxis 7 – Handballspezifisches Ausdauertraining im Stadion und in der Halle

Handball Praxis 8 – Spielfähigkeit durch Training der Handlungsschnelligkeit

Handball Praxis 9 – Grundlagentraining im Angriff für die Altersstufe 9-12 Jahre

Handball Praxis Spezial 1 – Schritt für Schritt zur 3-2-1 Abwehr

Handball Praxis Spezial 2 – Schritt für Schritt zum erfolgreichen Angriffskonzept gegen eine 6-0 Abwehr

Weitere Handball Fachbücher und eBooks unter: www.handball-uebungen.de